uma Cristianismo em meio a Sociedade Emocionalista
Domingo González Jr.

CRISTIANISMO NO MEIO DE UMA SCIEDADE EMOCIONALISTA

First edition. November 18, 2023.

Copyright © 2023 Domingo González Jr..

ISBN: 979-8223058052

Written by Domingo González Jr..

Also by Domingo González Jr.

Cristianismo en Medio De una Sociedad Emocionalista
Christianity in the Midst of an Emotionalist Society
Cristianismo No Meio de uma Sciedade Emocionalista

Cristianismo em meio a uma Sociedade Emocionalista.

Capa desenhada a partir de imagens geradas em: https://stablediffusionweb.com/ e editado em: https://pinetools.com/ es

Domingo González Jr.

2023

DEDICAÇÃO

Amo a igreja de Cristo e sofro ao ver como ela é enganada e manipulada. Dedico este livro a todo homem, mulher e criança que se considera filho de Deus e que realmente deseja ser igreja.

Este livro é dedicado a cada um de vocês, com todo o amor que pode vir de mim.

GRATIDÃO

Agradeço a Deus por abrir meus olhos e me fazer ver todas as manipulações emocionais na igreja e por me dar medo suficiente para não fazer parte desta prática.

A primeira pessoa que me ensinou a detectar manipulações emocionais na igreja foi minha mãe, embora ela acabasse usando essas ferramentas também, mas eu seria ingrato se não lhe agradecesse por isso.

Agradeço a Deus por Juan Manuel Vaz, Paul Washer, Sugel Michelen e Miguel Núñez, porque as suas posições bem focadas sobre este tema foram muito úteis para mim.

CONTENTE

INTRODUÇÃO

Infelizmente, vivemos numa sociedade onde as emoções e os sentimentos governam todas as áreas, até mesmo no governo.

Temos pessoas que, independentemente da sua genética, independentemente de os seus genes dizerem que são homens, se se "sentem" mulheres, devem ser tratadas como mulheres. E se isso fosse tudo, não haveria problema, mas também são promulgadas leis para defender os seus direitos e, para piorar a situação, são promulgadas leis para forçar outros a apoiar a sua percepção.

Vivemos numa sociedade onde não é a verdade que importa, mas como a verdade que me foi contada me fez sentir.

Esta sociedade está repleta do que eles chamam de "geração do cristal" por causa de como as pessoas são emocionalmente delicadas. Hoje em dia é quase impossível dizer algo ou opinar sem que alguém se ofenda, por mais delicadamente que tentemos para que essa "geração de vidro" não se ofenda.

É importante ressaltar que esse nome "geração do vidro" nada tem a ver com idade, há meninos de 15 anos que pertencem a esta geração assim como meninos de 60 anos.

Pessoas sem caráter formado, incapazes de aceitar correções ou conselhos porque classificam o conselheiro ou quem as corrige como "abusivo" ou "insensível" sem empatia.

E embora tudo isto seja realmente um grande problema, sempre houve pessoas que beneficiaram com isso. Bem, tornar-se especialista em manipular as emoções das pessoas.

E não acredite, isso não é novidade, uma das pessoas mais perversas que já existiu, Adolf Hitler, já se aproveitou disso, conseguiu convencer uma nação inteira de que suas atrocidades estavam corretas. Diz-se que o segredo dos seus grandes discursos era a sua capacidade emocional.

Durante centenas de anos, grandes tiranos usaram a manipulação emocional para fazer as pessoas sentirem o que queriam que sentissem e até mesmo para fazê-las pensar o que queriam que pensassem.

Não seria um problema muito grande se isso tivesse ficado fora das portas da igreja.

O grande problema disso é que penetrou nas portas das igrejas e hoje existem pessoas consideradas "homens de Deus" que são manipuladores de emoções. Eles brincam com as emoções das pessoas a ponto de fazê-las acreditar no que querem que acreditem, mesmo quando a Bíblia diz o contrário.

Isso deveria soar o alarme em Sião, mas Sião dorme, e enquanto a igreja dormia, o diabo plantou tudo isso e o problema é que ela continua dormindo.

Depois de escrever meu terceiro livro, "A Different Kind of Glory", eu disse para mim mesmo "Minha ideia não é escrever mil livros, apenas aqueles que considero que podem ser de grande bênção para a igreja e com esses três tudo bem. "

Mas então me lembrei de algo que aconteceu na igreja de onde venho, onde um jovem músico que acabara de chegar na igreja, vindo de outra congregação, me disse: "Não preciso orar muito para fazer as pessoas chorarem enquanto eu conduzo louvores". , basta dizer as palavras." palavras certas na hora certa" (Mais sobre essa história em meu livro "Esqueletos no Armário: Memórias do Filho de um Pastor)

Bem, alguns dias depois este jovem tornou-se membro da igreja e pediram-lhe para liderar o louvor num culto dominical e eu vi como este rapaz realmente fez exatamente o que me disse, as palavras certas na hora certa e ele fez toda a igreja chorar sem precisar do Espírito Santo nem nada.

E a gota d'água é que além de mim (talvez porque ele já tivesse me contado) ninguém notou, nem mesmo os pastores, mais certos ou errados, foi exatamente o contrário, começaram a elogiar aquele menino pela sua Espiritualidade.

Lembro-me de tentar avisar um irmão e me acusaram de ter ciúmes dele.

Quando me lembrei de tudo isso, que você pode ler com mais detalhes no meu livro "Esqueletos no Armário", percebi que talvez devesse escrever mais um livro, porque a verdade é que não foi só essa experiência com pessoas manipuladoras que eu vivi, mas que tenho tantas experiências vividas diretas que acho que tenho autoridade suficiente para falar sobre isso.

Espero que este livro possa ser uma bênção para você e oro para que Deus abra os olhos do entendimento de todos para que possam entender corretamente o que quero transmitir neste livro porque todo extremo é ruim e as emoções não são ruins como veremos depois, bom, Deus nos fez com eles, Jesus demonstrou que os tinha, mas hoje o discernimento é super necessário. Nestes tempos temos muitos pseudo adoradores que são considerados grandes adoradores e na realidade são grandes manipuladores de emoções, temos muitos hereges com mega igrejas que são apenas bons oradores, como foi Hitler.

Aqui está a minha oferta de pães ázimos para o povo de Deus, para que os olhos dos cegos e os ouvidos dos surdos sejam abertos.

CAPÍTULO 1
Conceitos básicos.

8

Não sou daqueles que gostam de dar muitas definições ou conceitos, mas é impossível iniciar um tema como este sem ter clareza sobre os conceitos básicos, por isso tentarei explicá-los de forma simples, fácil e direta.

Quero que fique claro que não posso e não quero escrever de forma técnica e profissional como John MacArthur escreve ou como R. C. Sproul ou qualquer um deles escreveu, não me sinto confortável fazendo isso, não me sinto fazendo isso ! Lutei tanto para continuar sendo um homem dominical e não vou recuar agora porque perdi alguns leitores.

Bem, direto ao ponto.

Emoções

A emoção é a reação imediata do nosso corpo a um agente externo. Aparece instantaneamente antes do evento e tem curta duração.

É muito importante ter as emoções bem definidas e valorizadas racionalmente, pois, a partir delas, nascem os sentimentos em relação aos acontecimentos vivenciados.

Por exemplo, se você acaba de receber a notícia de que encontrou o emprego que tanto desejava, a emoção inicial será de surpresa e choque. Embora seja algo que você queria com todas as suas forças, você não sabia se iria conseguir.

Seu cérebro assimila essa surpresa e, por ser algo que você associa há tanto tempo a algo positivo, surgem sentimentos como euforia, alegria, otimismo ou esperança, entre outros.

Quais são os principais sentimentos do ser humano?

O amor

A tristeza

A euforia

A admiração

A inveja

A esperança

A raiva

Impaciência

A preocupação

A satisfação

Gratidão

Sanarai. com

Inteligência emocional

Daniel Goleman explica que Inteligência Emocional é o conjunto de competências que servem para expressar e controlar os sentimentos da forma mais adequada no âmbito pessoal e social.

Características básicas e características da pessoa emocionalmente inteligente:

Possuir um grau suficiente de auto-estima.

Sejam pessoas positivas

Saiba dar e receber

Empatia (compreender os sentimentos dos outros)

Reconheça seus próprios sentimentos

Ser capaz de expressar sentimentos positivos e negativos

Também ser capaz de controlar esses sentimentos

Motivação, entusiasmo, interesse

Tenha valores alternativos

Superando dificuldades e frustrações

Encontre o equilíbrio entre demanda e tolerância.

https://www.psicoactiva.com/

O que são sentimentos?

Os sentimentos são um estado de espírito que ocorre em relação a estímulos externos, considerados a expressão mental da emoção. De onde vêm os sentimentos? Quando a emoção é processada no cérebro e a pessoa tem consciência dessa emoção e do humor que ela produz, dá origem ao sentimento, pois a origem dos sentimentos são as emoções definidas e valorizadas racionalmente que irão determinar o nosso humor.

Sentimento e emoção: diferença

Embora tanto as emoções quanto os sentimentos sejam resultados de um processo irracional devido à forma subjetiva de perceber determinada situação, as emoções mantêm um padrão unidirecional básico e primitivo, ou seja, a emoção surge imediata e espontaneamente após a apresentação do estímulo. Por outro lado, os processos reflexivos intervêm nos sentimentos, nos quais a pessoa toma consciência do seu estado de espírito e do que está sentindo, permitindo que sejam valorizados. Depois de compreendermos a diferença entre emoções e sentimentos, vamos nos concentrar exclusivamente nos sentimentos.

Sentimentos: exemplos

Vejamos agora alguns exemplos de sentimentos muito frequentes que podem aparecer no nosso dia a dia:

Recebemos um e-mail onde nosso chefe nos informa que devemos trabalhar no sábado.

Em primeiro lugar, podemos sentir uma emoção de raiva, mas depois de tomar consciência do que estamos sentindo, sentimentos de tristeza por não poder fazer o que planejou com seu parceiro ou raiva por ter que ir trabalhar no fim de semana podem aparecer. .

Descobrimos que dois de nossos amigos foram convidados para uma festa para a qual não fomos convidados. Primeiramente podem surgir respostas emocionais de indignação, mas após a compreensão da situação podem surgir sentimentos de vulnerabilidade, onde nos sentimos inseguros e nos perguntamos por que não fomos convidados.

Eles nos avisam que vão nos promover no trabalho. Por exemplo, pode ser que a nossa emoção expressa não seja a esperada, reagindo com um tom bastante apático. Ao processar a notícia e compreender como nos sentimos, podemos ter consciência do sentimento que nos vem, que pode ser um sentimento de stress e medo, face ao desafio que nos é colocado.

Marta Thomen Bastardas.

https://www.psicologia-online.com/

Emocionalista

Pessoa que prioriza as emoções em detrimento da razão.

Resumindo, uma emoção é uma reação instantânea que, dependendo da pessoa, pode causar reações e produzir determinado tipo de sentimento. As emoções são imediatas* os sentimentos são produzidos pelas emoções quando processados.

Todos os conceitos que vimos neste primeiro capítulo serão necessários para entender tudo o que veremos a seguir e serão básicos na hora de analisar as características de uma potencial vítima de um manipulador emocional, mas vamos um passo de cada vez.

CAPÍTULO 2

As emoções são ruins?

13

Em geral, o termo emoções ruins não existe, mas todos poderíamos concordar, mesmo sem investigar muito, que a raiva, o ódio, a inveja, entre outras, são emoções negativas, mas lembremos que nosso foco é para o cristianismo, se eu Se chegar ao ponto de dizer que as emoções não são más, não me referirei às emoções negativas.

Lembro que há muitos anos, devido aos muitos danos psicológicos que sofri, decidi ser uma pessoa fria e não demonstrar carinho por ninguém. Depois de algumas semanas, percebi que era impossível. Nascemos com emoções, Deus nos criou com emoções, A Bíblia mostra que Deus tem emoções, ele se irritou diversas vezes com o povo de Israel e ficou feliz.

Jesus também demonstrou emoções, em um momento ele ficou tão chateado que bateu com cintos nos que faziam negócios no templo (Lucas 19:45,46), em outro momento "ele ficou abalado em espírito e comovido" (João 11 :33). , ele ficou feliz (Lucas 10:21) quando estava prestes a ser entregue ele se sentiu muito triste (Mateus 26:38)

Até o Espírito Santo tem emoções, a Bíblia diz que não devemos entristecer o Espírito Santo (**Efésios 4:30**)

As emoções não são ruins. Até mesmo no meio que o Espírito Santo usa para lidar conosco. Ele nos repreende em nossos corações, nos entristece por nossa maldade para que possamos nos arrepender e nos reconciliar com Deus.

Existem correntes cristãs que fazem parecer que as emoções são ruins, mas não é o caso de forma alguma. Existem igrejas onde você não pode aplaudir ou dar glória a Deus e muito menos levantar a voz para louvar a Deus porque consideram isso emocionalismo. Para nada! Muitos consideram que o nosso manual de louvor é o livro dos salmos e nele encontramos citações como as seguintes:

Salmos 33:3: Cante-lhe um cântico novo: faça-o bem, vibrando de alegria.

Salmos 32:11: Vocês, povo de Deus, louvem-no e celebrem! E você, que é sincero de coração, cante para Deus com alegria! TLA

Salmos 47:1: Batam palmas alegremente, pessoas do mundo! Louve a Deus com alegria! TLA

Salmos 63:5 Louvar-te-ei com os meus lábios e gritarei de alegria!Isso me fartará mais do que a comida mais deliciosa! TLA

Salmos 81.1: Solte gritos de louvor a Deus! Ele é a nossa força! Cante cheio de alegria ao Deus de Israel!

Salmos 95:1: Cantemos a Deus com alegria Vamos, cantemos com alegria! TLA

Salmos 100:1,2: Cantem com alegria a Deus, habitantes de toda a terra. Sirva a Jeová com alegria; Venha diante de sua presença com alegria.

Salmos 107:22 Dêmos-lhe sinais de gratidão e apresentemos-lhe ofertas! **Anunciemos com gritos de alegria as maravilhas que ele fez! TLA**

Salmos 150:3-5: Louvai-o com o som de uma trombeta; Louvai-o com saltério e harpa. Louvem-no com pandeiro e dança; Louvem-no com cordas e flautas. louve-o com címbalos retumbantes; Louvem-no com címbalos de alegria.

Quanto ao louvor no céu, encontramos estes versículos:

Isaías 6:1-3: Eu, Isaías, vi Deus sentado num trono muito alto, e o templo estava coberto sob o seu manto. Isto aconteceu comigo no ano em que o rei Ozias morreu. Também vi alguns serafins voando acima de Deus. Cada um tinha seis asas: com duas asas voavam, com outras duas cobriam o rosto e com as outras duas se cobriam da cintura para baixo. Em voz alta disseram uns aos outros: "Santo, santo, santo é o único Deus de Israel, o Deus do universo; "A terra inteira está cheia de seu poder!"

Apocalipse 19:1,5,6: 1 Depois disso ouvi uma grande voz de uma grande multidão no céu, que dizia: Aleluia! A salvação, e a honra, e a glória, e o poder pertencem ao Senhor nosso Deus; 5 E veio do trono uma voz que dizia: Louvai ao nosso Deus, todos os seus servos, e vós que o temeis, tanto pequenos como grandes. E ouvi como a voz de uma grande multidão, como o rugido de muitas águas, e como a voz de um grande trovão, dizendo: Aleluia, porque o Senhor nosso Deus Todo-Poderoso reina!

Então onde está o problema?

O problema é o emocionalismo e no primeiro capítulo concordamos que uma pessoa Emocionalista prioriza as emoções em detrimento da razão. A Bíblia nos ordena a usar a razão ao adorá-Lo (João 4:24)

Se uma pessoa grita amém sem entender ou analisar ou verificar se o que está sendo dito está correto de acordo com a Bíblia, essa pessoa é um Emocionalista.

Devemos entender que seja Paul Washer quem está pregando, seja MacArthur ou quem consideramos o mais "estúpido" dos pregadores, todo ensino deve passar pelo filtro exaustivo das escrituras, ou seja, tudo em seu contexto correto. Isto é o que nossos irmãos bereanos fizeram e são elogiados nas escrituras por isso (Atos 17:11)

Quero fazer uma pausa no que disse sobre o contexto correto, porque hoje em dia está na moda usar versículos isolados para fazer a Bíblia dizer o que queremos que ela diga. Percebi que mesmo os pastores mais heréticos fornecem versículos bíblicos, mas quando você os estuda em seu contexto correto você percebe que nunca na vida a passagem diz o que eles querem que digamos.

Mas hoje os irmãos que gostam dos irmãos Bereanos os veem como rebeldes.

Sempre me lembro da minha mãe quando penso nesse assunto. Meu pai era o pastor e obviamente o marido dele e eu costumávamos sentar ao lado da minha mãe e enquanto meu pai pregava ela me fazia ter um dicionário bíblico e várias versões da Bíblia comigo e enquanto meu pai pregava ela verificava cada versículo que meu pai deu ao pai para ver se o ensinamento que seu marido estava dando estava de acordo com as escrituras.

Você pode imaginar que várias vezes meu pai ficou chateado, mas devemos entender a importância disso, porque talvez não entendamos, mas num sermão nossa vida eterna pode estar em jogo.

Há pessoas que, se o pastor injetar carga emocional suficiente durante a pregação, esquecem a Bíblia e aí estaríamos cometendo um dos erros mais importantes, priorizando as emoções em detrimento da razão.

Existem igrejas onde se você gritar enquanto prega significa que você tem autoridade de Deus, significa que você está no "espírito" portanto, sem verificar o que você está dizendo nas escrituras, eles tomam isso como verdade e gritam Amém!

Não é ser frio, não é ser apático, não é eliminar emoções, é "não priorizar as emoções em detrimento das palavras".

Uma vez aconteceu comigo que eu estava em um sermão e todos gritavam Amém! Mas havia uma parte que não combinava comigo e eu fui e verifiquei e depois que verifiquei e percebi que era biblicamente correto, então também gritei AMÉM.

Lembro-me de um irmão de uma denominação específica que veio nos visitar e no culto ele não adorava, não orava, apenas olhava em volta analisando tudo e no final me deixou com uma irmã uma lista com sugestões de como Eu deveria liderar o grupo. Eu disse para mim mesmo "O quê? Eu nem pensei que era cristão! Ele não adorou, não orou porque não era um Emocionalista. Acredito que ele não era emocionalista nem cristão. Amados, devemos fugir de ambos os extremos.

Um dos grandes teólogos e homem de Deus da história, também reconhecido como um dos generais de Deus, John Wesley deixou estas recomendações a respeito do louvor nas quais você perceberá que não existe supressão de emoções. Adoro como o ponto 3 estabelece o equilíbrio para o ponto 2, vamos ver:

Instruções para Canto Congregacional

Para tornar esta parte da adoração mais aceitável a Deus e de maior benefício para você e outras pessoas, tenha o cuidado de observar as seguintes instruções:

1. Todos cantam. Tente reunir-se com a congregação com a maior frequência possível. Não deixe que um pouco de fraqueza ou cansaço o impeça. Se tal coisa é uma cruz para você, pegue-a e você descobrirá que é uma bênção.

2. Cante alto e vigorosamente. Não cante como se estivesse meio morto ou meio adormecido. Levante sua voz bem alto. Não tenha mais medo de ouvir sua voz, nem mais vergonha de ser ouvido agora, do que quando você cantou as canções de Satanás.

3. Cante modestamente. Não grite, como se quisesse se destacar ou se diferenciar do restante da congregação, para não destruir a harmonia. Todos devem tentar unir suas vozes com as do resto da congregação para produzir um som claro e melodioso.

4. Cante na hora certa. Qualquer que seja o momento em que seja cantado, procure mantê-lo, não fique na frente nem atrás; Siga as vozes orientadoras e siga seu tempo tanto quanto possível. Não cante muito devagar. Arrastar o tempo é algo natural para os preguiçosos e é hora de esse hábito desaparecer do nosso meio e de cantarmos todos os nossos hinos assim como os cantamos no início.

5. Acima de tudo, cante espiritualmente. Pense em Deus em cada palavra que você canta. Que sua intenção seja agradá-lo antes de você ou de qualquer outra criatura. Para conseguir isso, preste muita atenção ao significado do que você canta e tome cuidado para que seu coração não se envolva demais com a melodia, mas ofereça-a continuamente a Deus, para que seu canto seja tal que o Senhor possa aprová-lo aqui. .

Acho que já deixei as coisas claras e não quero repetir a mesma coisa, por isso vou terminar este capítulo com duas frases, uma frase de Miguel Núñez e outra de Donald Carson:

Devemos escapar destes dois extremos:
A de um cristianismo emocional, sem doutrina,
e a de uma ortodoxia fria, sem emoção.

Donald Carson

"Ao louvar a Deus, confundimos rebuliço com
alegria e rigidez com reverência."

Miguel Nunes

CAPÍTULO 3
Uma sociedade emocionalista.

20

Na história da humanidade, o emocional nunca foi priorizado como na sociedade atual.

Siga seu coração, deixe as emoções fluírem, não as reprima! Sinta-se livre!

O interessante disso é que parte disso é verdade: se você reter suas emoções, causará danos imensos a si mesmo, que podem até levar não apenas a doenças da alma, mas também a doenças físicas. Mas como sempre dizem: "Seus direitos terminam onde os meus começam".

Essa liberdade emocional fez com que as pessoas se sentissem livres para serem despóticas e sem nenhum tipo de filtro, transformou as pessoas em bombas-relógio ambulantes que não sabem controlar suas emoções e em um momento de tensão explodem independentemente das consequências.

Esta libertação criou pessoas tão sensíveis que foram chamadas de "geração de vidro" com quem é preciso ser muito delicado porque tudo os ofende.

Há algumas semanas eu disse em um dos meus posts no Facebook que trabalhava em um departamento de um instituto universitário onde tinha que lidar com praticamente todos os alunos da instituição, e em uma ocasião disse a um aluno "Espere um momento MIJA" e quando eu falei essa palavra (MIJA) a menina começou a brigar comigo porque eu a chamei de "mija".

Depois de um tempo com a menina me insultando, perguntei a ela: Você é dessa região do país? A resposta dele foi "NÃO", então perguntei a ele: Você sabe o que significa a palavra mija? E ele respondeu "NÃO" então eu disse para ele: E por que você ficou chateado quando te chamei assim, se você nem sabe o que a palavra significa? Naquele momento a menina mudou de atitude e sorriu.

Senhoras e senhores, acredito que não há melhor exemplo da geração do cristal e de uma sociedade emocionalista do que aquele que acabo de dar. Uma sociedade onde a compreensão não importa, onde o racional fica em segundo plano e apenas as emoções importam.

E é impossível para mim não falar da comunidade Lgbtiq+ ou da comunidade "Passamos os nossos livros de biologia onde o sol não brilha". me trate como uma menina, mas se amanhã eu acordar me sentindo um menino, eles devem me tratar como um menino e se o fizerem, a bagunça que se forma é grande.

E daí se hoje eu me sinto filho de Bill Gates? Posso pedir ao governo que exija que Bill Gates me dê a minha parte na herança? E não me diga que não é a mesma coisa, é a mesma lógica!

Lá eles me dizem que devo ir para a ciência e através do teste de DNA provar que realmente sou filho do meu pai Bill, mas um homem com uma barba do comprimento da Torre Eiffel e com dois cocos no meio das pernas Devo dizer "Juana" a ele porque hoje ele acordou se sentindo mulher e aí não importa o que diz seu DNA. E Deus me livre de não chamá-lo de Juana porque sou uma cristã retrógrada e intolerante. E isso é outra coisa, eles pedem tolerância, mas vão a uma de suas marchas para ver como eles ridicularizam Jesus Cristo e jogam futebol com a Bíblia. Aliás, nós, cristãos, não temos medo da raiva nem somos intolerantes com ela, apenas dizemos o que a Bíblia e a ciência dizem.

Às vezes penso, como um teórico da conspiração, que tudo isto foi bem planeado até pelos governos e instituições, porque uma sociedade Emocionalista é também uma sociedade manipulável. E se a igreja for contaminada por essa sociedade Emocionalista e se tornar uma igreja Emocionalista, então a igreja também será uma igreja manipulável e é disso que falaremos nos capítulos seguintes.

CAPÍTULO 4
Emoções e Cristianismo.

Como já explicamos anteriormente, as emoções e o cristianismo não estão divorciados, têm um casamento, mas com condições, condições inegociáveis.

Explicamos que a Bíblia mostra que Deus é um Deus com emoções e sentimentos, que manifesta raiva, amor, contentamento.Vimos também como Jesus e o Espírito Santo também manifestaram e ainda manifestam emoções.

Vimos como no nosso manual de louvor, refiro-me ao livro dos salmos, somos instados a louvar a Deus expressando emoções, lemos também as recomendações dadas a respeito do louvor por um dos grandes teólogos e reconhecido como um dos grandes homens. de Deus na história, este é John Wesley.

Também dissemos que o Espírito Santo usa nossas emoções para trabalhar em nós.

O Espírito Santo opera nas emoções, as emoções movem a vontade, a vontade se traduz em ação, a ação consiste em obediência, mudança de vida: transformação duradoura.

O líder do Grande Reavivamento do Século XVIII na América do Norte, Jonathan Edwards, diz em seu magistral livro The Religious Affections, que "a verdadeira religião consiste principalmente em emoções sagradas". Ele chama essas emoções de "as atuações energéticas e intensas da vontade" e continua dizendo:

"Quando recebemos o Espírito Santo, as Escrituras dizem que somos batizados no "Espírito Santo e no fogo" (Mateus 3:11). Este "fogo" representa as emoções santas que o Espírito produz em nós, fazendo com que nossos corações ardam dentro de nós. (Lucas 24:32) ... Deus, que nos criou, não apenas nos deu emoções, mas também fez delas muito diretamente a causa de nossas ações. Não tomamos decisões ou agimos a menos que amor, ódio, desejo, esperança , medo ou alguma outra emoção nos influencia. Isso é verdade tanto em questões seculares quanto espirituais. É a razão pela qual muitas pessoas ouvem a palavra de Deus falar com elas sobre coisas de importância infinita

- de Deus e Cristo, do pecado e da salvação, céu e inferno - sem ter qualquer efeito sobre suas atitudes ou comportamento. O que eles ouvem simplesmente não os afeta. Não toca suas emoções. Afirmo corajosamente que nunca. Nenhuma verdade espiritual mudou o comportamento ou a atitude de uma pessoa.

pessoa sem ter despertado suas emoções. Nunca um pecador desejou a salvação, nem um cristão despertou da frieza espiritual, sem que a verdade tivesse afetado o seu coração. Assim são importantes as emoções!... Está provado, então, que as nossas emoções são o eixo da religião autêntica. O amor não é apenas uma das emoções, mas a maior delas e, por assim dizer, a fonte das demais. É do amor que surge o ódio, o ódio pelas coisas que são contrárias ao que amamos. De um amor vigoroso e afetuoso a Deus nascerão as outras emoções espirituais: ódio ao pecado, medo de desagradar a Deus, gratidão a Deus pela sua bondade, alegria em Deus quando experimentamos a sua presença, tristeza quando sentimos a sua ausência, esperança por um gozo futuro de Deus e zelo pela glória de Deus. Da mesma forma, o amor ao próximo produzirá em nós tudo o mais que deveríamos sentir por ele." (Jonathan Edwards - Os Afetos Religiosos)

**Estes parágrafos destacados em negrito e itálico foram retirados do livro "Revival and Emotions" do site Revival Diaries.

Podemos compreender então que não há antagonismo entre as emoções e o cristianismo.

O problema com as emoções e o cristianismo

O problema das emoções e do cristianismo começa com um povo de Deus que, em sua maioria, não tem discernimento espiritual e não consegue perceber que alguém se contorce um pouco porque já "tem o espírito".

Lembro-me de ter chegado recentemente nesta cidade e me convidaram para uma campanha dos nossos irmãos pentecostais e um menino subiu ao palco para dar algumas palavras e ele torceu um pouco a cabeça e um dos pastores começou a gritar "Aí está é, aí está, aí está Deus" E eu disse para mim mesmo: E se for um tique nervoso?

Sei que hoje existem algumas correntes do cristianismo que não acreditam que um cristão possa ficar possuído por demônios, mas vou contar sobre uma situação que ocorreu há vários anos na igreja que meu pai pastoreia. Bom, a igreja fica no andar térreo da casa onde meus pais moram, às vezes meu pai tem que cuidar de alguns negócios e não desce na hora certa para o culto. Num daqueles dias em que ele não desceu cedo para adorar, o culto começou e como meus pais acreditavam em uma igreja pentecostal quando começaram a pastorear, eles mantiveram várias das coisas da igreja pentecostal, como "cantar coros".

O louvor começou, o diretor de louvor começou a cantar refrões e as pessoas começaram a se aproximar para "dançar" e dar-lhes aqueles uhmmm "transes" onde eles se contorciam e coisas assim, e a pessoa que estava liderando o louvor ficou feliz "porque o espírito santo estava se movendo

De repente ouço um movimento no corredor central da igreja e é meu pai, com roupas quase como se estivesse em casa e com cara de muita raiva, ele chega ao altar e diz a todos os músicos e cantores "Parem Tudo" e começa a repreender os demônios das pessoas que estavam se contorcendo, supostamente porque o espírito santo estava neles. O curioso desse acontecimento é que ninguém percebeu!

Recentemente estive ouvindo atentamente dois dos grupos de música cristã que hoje são considerados muito espirituais e ungidos pela maioria e percebi como eles cercam as pessoas com uma carga de sons para mexer com as emoções e as pessoas não percebem. Lembro que dei minha opinião em alguns grupos cristãos e quase todos começaram a gritar: Crucifica-o! Obviamente isso acontece com os pregadores também, mas as estratégias são diferentes, mas isso vem depois.

Quero resumir este capítulo repetindo que não, claro que não, não existe divórcio entre o cristianismo e as emoções, não existe divórcio entre Deus e as emoções. O problema são os extremos e um povo cristão que a maioria não sabe diferenciar entre o espiritual e o emocional. Hoje em dia, grupos de música cristã que são grandes manipuladores de emoções são considerados superungidos e o mesmo acontece com os pregadores.

CAPÍTULO 5
Um Cristianismo Emocional.

28

Como expressei no capítulo anterior, o Cristianismo não está divorciado das emoções, nem o Espírito Santo ou Jesus. Deus tem emoções, ele nos criou com emoções, até o espírito santo as usa para trabalhar em nós.

Mas, mas, mas infelizmente, temos uma igreja que em sua maior parte se tornou emocionalista, o que, como já explicamos no capítulo um, quando as emoções são priorizadas. Uma igreja que adora ser movida pelas emoções. E enquanto houver procura, haverá oferta.

Uma igreja que, em sua maioria, adora ter um pastor que conte piadas, anedotas e os faça rir. Assim que comecei a assistir a um sermão, era a primeira vez que ouviria aquele pastor pregar e fiquei com muita expectativa, e quando aquele pastor começou a falar a primeira coisa que ele disse foi: "Como sempre vou começar com um piada." Eu disse para mim mesmo "O quê?"

E às vezes as razões que esses pastores dão para fazer isso parecem tão coerentes. Um pastor disse que as pessoas passaram a semana inteira sob estresse e situações fortes para que venham à igreja e o que ouvem são palavras fortes. A verdade é que parece muito coerente e lógico, mas a verdade é que é muito antibíblico.

Por muito tempo tive essa luta em mente porque a verdade é que tendo uma semana horrível, ninguém vai querer um sermão onde sinta que está sendo espancado até virar polpa. Depois de vários anos me fazendo essa pergunta, Descobri que a verdadeira pregação precisa incomodar as pessoas que estão confortáveis e encorajar as que estão deprimidas.

Temos uma igreja moderna cujo objetivo é emocional. Eles descobrem o que as pessoas gostam e dão isso. E para isso não tiveram problemas em tirar estratégias do mundo, porque como ouvi um treinador cristão dizer "Não podemos ser tão religiosos, são estratégias que o mundo tem e funcionam, então porque não usá-las? "

Uma igreja que sabe que as pessoas gostam de cargos, então vemos igrejas com uma estrutura onde qualquer um pode ser presbítero ou pastor, têm uma estrutura de promoção onde não importa o chamado de

Deus, o que importa é suprir as necessidades emocionais das pessoas para Assim, ter ministérios grandes, que no final é o que importa.

Vemos uma igreja utilizando todo tipo de estratégias e até manipulação psicológica para atingir seus objetivos. Têm aparência de espiritualidade, disfarçam-se de anjos de luz, mas todas as estratégias que utilizam são carnais.

Alguém me disse sobre um dos ministérios mais heréticos do meu país: "Mas eles têm sessões de oração matinais todos os dias." Às vezes é difícil entender que nem todos que oram estão certos diante de Deus. Uma das igrejas onde vi mais orações em todo o meu país é a mesma onde vi mais maldade e injustiça. Você pode ler meu livro "Esqueletos no Armário: Memórias do Filho de um Pastor" para mais detalhes.

Hoje os pastores não são pregadores, são treinadores. Não sei se você sabe, mas o coaching não coloca Cristo em primeiro lugar, coloca o homem, e lançaram um "Coaching Cristão" onde essa realidade não muda. A ideia é fazer-nos sentir bem e todos os domingos dar-nos uma libertação emocional, de onde saímos Emocionalmente Satisfeitos.

A igreja adotou estratégias psicológicas deste mundo e a partir do momento que você entra na maioria das igrejas você tem uma atmosfera que agrada a sua carne, a escuridão, para que os novos visitantes não se sintam intimidados quando os outros te veem, jogos de iluminação estilo discoteca para que eles se sentem em um ambiente familiar, ou seja, uma boate, então temos algumas pessoas com jeans, tênis e roupas não muito formais, uma pregação tipo coaching focada em homens onde não se fala em pecado ou inferno ou maldição ou qualquer coisa assim para não causar rejeição. O pastor Juan Manuel Vaz disse "Um restaurante de igreja"

E a mensagem que essas igrejas passam para aquelas que ainda não se modernizaram é "Adaptem-se ou vocês desaparecerão". É por isso que vemos hoje pastores que eram muito radicais com o santo, já comprando seus tênis e jeans para pregar. Domingos, comprando seus jogos de luzes e colocando o altar com mesas e móveis como se fosse a sala de sua casa e fazendo reuniões bacanas para os jovens.

Bem-vindo à igreja moderna, uma igreja emocionalista que adapta todas as estratégias do mundo a ela, uma igreja focada no homem e nas suas emoções.

E o versículo que não devemos nos adaptar ao mundo? Esse versículo não importa, a única coisa que importa é encher a igreja e se tivermos que colocar as irmãzinhas de biquíni para conseguir isso, então será feito.

Infelizmente, o que expressei no último parágrafo não é uma suposição, mas uma verdade. Há alguns anos fui convidada para uma atividade que uma igreja tinha para atrair os jovens e a atividade era uma piscina, com as irmãzinhas em trajes de banho.

Uma igreja emocionalista sem discernimento, que te diz que Deus está aí para te enriquecer e realizar todos os seus sonhos, uma igreja que se baseia em slogans legais, mas que não dá peso ao inferno porque, na verdade, trabalham para o inferno, não. São igrejas, são sinagogas de Satanás.

CAPÍTULO 6

Grandes Pregadores e Adoradores ou Grandes Manipuladores de Emoções.

Os pregadores e cantores cristãos de hoje se especializaram apenas em manipular emoções.

Vi um vídeo de um pastor que saiu daquele mundo de manipulação e ele disse: "É bem fácil, vi uma mulher sentada sozinha, mas uma aliança e aí eu disse "O Senhor está me revelando que tem uma mulher aqui quem "Seu marido não é convertido, ou há muito se desviou dos caminhos de Deus, o Senhor lhe diz que ele recolheu cada uma de suas lágrimas e que esse marido retornará em breve."

Ele também disse que com os jovens era muito fácil, bastava olhar para aquele que parecia mais entusiasmado e dizer: "O Senhor lhe diz que ninguém deve subestimar a sua juventude, que ele o levaria às nações. "

Você apenas tem que observar e então dizer as palavras certas com carga emocional suficiente e as pessoas desmoronarão.

Antes de continuar, quero falar uma coisa, senhores, senhoras, entendam isso, mesmo em qualquer grupo de 30 ou 50 pessoas, sempre haverá alguém que tem problemas com os pais ou problemas com o companheiro, problemas de dinheiro, problemas com o chefe . Se chega um "ministro" e diz "Deus me mostra que aqui está uma mulher chamada Maria que tem problemas com o marido, Deus tem esta palavra para você..."

Acho que para cada 100 pessoas pelo menos 3 se chamam Maria, e como Eu disse que em cada grupo sempre haverá alguém que teve ou tem problemas com os pais ou com o marido ou tem problemas financeiros. Honestamente, às vezes somos enganados por pessoas estúpidas.

Uma pessoa que durante anos foi diretora de louvor (@euthymialy) comentou no TikTok que mede seu sucesso de acordo com a resposta emocional das pessoas. Ela diz que talvez tenha havido cultos onde ela desafinava ou se perdia nos acordes, mas ela fez isso. ver uma resposta emocional. das pessoas ela considerou que seu direcionamento dos elogios tinha sido bem sucedido, que seu direcionamento havia sido "ungido" mas se houve reuniões onde ela não teve uma boa resposta emocional das pessoas, que permaneceram em pé sem levantando as mãos, ela considerou que havia uma opressão espiritual no ambiente e com o tempo ela aprendeu quais acordes tocar, quais palavras dizer para conseguir uma resposta emocional das pessoas e que naquele momento ela acreditava que isso estava sendo guiado por o espírito, mas hoje ela entende o que foi manipulação emocional.

Também tive uma experiência muito direta em relação ao louvor, um jovem músico e cantor recém-chegado à igreja me disse que não precisava orar muito para liderar os cultos de louvor, que o segredo era dizer as palavras certas na hora certa. tempo. e ele conseguia fazer as pessoas chorarem no meio do culto.

O triste dessa história é que era verdade, algumas semanas depois eles o fizeram liderar um culto de domingo e eu tive uma dupla surpresa, a primeira surpresa foi que ele realmente conseguiu fazer isso, a segunda surpresa foi que ninguém percebeu.

A outra coisa que aconteceu foi que eu queria avisá-lo e depois de alguns dias toda a igreja estava dizendo que o que eu tinha inveja dele era porque ele tinha mais unção do que eu. Você pode ler a história completa no meu livro Skeletons in the Closet, não quero entrar em muitos detalhes aqui.

Voltando aos pastores, evangelistas, profetas e outros, tenho visto tantas coisas que é doloroso escrevê-las. Mas quanto aos profetas e evangelistas, é tão triste que hoje eles se preocupem com o dinheiro. Há alguns anos um evangelista veio à cidade e foi convidado para uma igreja e disse que Deus tinha aquela igreja como ponta de lança na cidade e então ele foi a todas as igrejas da cidade dizendo a mesma coisa para garantir boas ofertas.

Acho que uma das coisas que mais me deu dor foi com um pastor que um evangelista profetizou que teria uma igreja com 5 mil pessoas, quando esse pastor nunca tinha ultrapassado 200 ou 300 pessoas e esse pastor até prostituiu o evangelho com tanta gente. tanto que ter seus

5000 e seus 5000 nunca chegou e atualmente aquele pastor até se afastou dos caminhos de Deus.

São pessoas más que só dizem o que sabem que as pessoas querem ouvir e sabem que as pessoas encherão os bolsos de ofertas se disserem coisas boas.

Mas na verdade nem todas as pessoas são vítimas, sabemos que Jesus disse que os falsos profetas enganariam a muitos (Mateus 24:11), mas a Bíblia também nos diz que haverá pessoas à procura de professores que lhes digam o que querem ouvir (2 Timóteo 4:3)

Na minha vida na igreja tenho visto muitas formas de manipulação emocional por parte dos pastores. Da afirmação, à bajulação, que por sinal é uma das melhores formas de manipulação, e à intimidação, onde assustam as pessoas com xingamentos. Conheço pessoas que viram pastores fazerem coisas horríveis e nunca disseram nada, mas continuam apoiando idólatra o pastor por causa de todas as pregações intimidadoras que ouviram, começando pelas mais simples e eficazes, a de Davi e Saul.

Se com a pregação de Davi e Saul eles não conseguem que a igreja lhes permita fazer NADA, além da obediência cega, lá vão eles com uma pregação um pouco mais forte onde esclarecem ao povo que não querem assustá-los ou que estão amaldiçoando aqueles que só querem libertá-los do mal.

Lembre-se, um manipulador nunca dirá "Olá, bom dia, sou um pastor manipulador, prazer em conhecê-lo". Alguém disse que o orgulho pode ser disfarçado de várias maneiras, até mesmo na humildade.

A Bíblia diz que Satanás se disfarça de anjo de luz, ele não aparece e diz "olá, eu sou o diabo, tenha medo de mim" Nãooooo!!! Você sabe, as igrejas mais heréticas que conheço no meu país são onde elas parecem amar mais as pessoas. Nessas igrejas tenho visto pessoas tratadas com tanto amor que nem Deus as alcança.

Às vezes esquecemos que essas pessoas são especialistas em manipulação, não deixam nada à "sorte" mas estudam como devem falar, como devem andar, como devem sorrir, como deve ser o seu rosto, como pronunciar cada palavra, o que as palavras dizem e quais não... Eles são especialistas! Eles vivem aperfeiçoando sua "Arte"

Eles sabem exatamente as palavras que devem dizer para te conquistar, sabem do que gosta esta sociedade emocionalista e sabem que o emocionalismo está dentro da igreja e sabem que quase ninguém tem discernimento e que se fizerem bem as coisas terão muito dos idólatras.

Que eles vão obedecer cegamente o que eles dizem e vão defendê-los até a morte, mesmo que os vejam fazer as coisas mais vis e que eles nunca vão verificar a Bíblia para ver se algo que ela diz é correto biblicamente falando. Isso é delicado!

No que diz respeito ao elogio, acho que estou subestimando se digo que é HORRÍVEL, um bando de showrunners e manipuladores de emoções sendo reconhecidos como adoradores ungidos. Eles te cercam de som, muito barulho, um pouco de blá, blá, aqui e ali, eles apertam os botões emocionais que eles sabem que te movem e você já sai dizendo que eles são o grupo de música cristã mais ungido que já existiu .

Além da música e dos pastores, há outra área onde tenho visto manipulação emocional horrível: em grupos gospel. Anteriormente eu pertencia a um ministério cujo foco é o evangelismo acima de tudo e lá tinha uma pessoa que superava a todos em termos de manipulação.

Primeiro, peças bem preparadas para movimentar as emoções, no final ele vinha para a frente, tocava uma música bem preparada para continuar o trabalho de manipulação emocional que havia começado com as peças, ele pedia que as pessoas fechassem seus olhos com a mesma ideia de todo mundo, é mais fácil a música fazer o seu trabalho se eles estiverem com os olhos fechados, então ele mudou o tom de voz e começou com a frase "Se quiser chorar, chore ", depois de alguns momentos Ele disse "Eu sei que você quer chorar" depois de repetir essas duas frases várias vezes, intercalando algumas frases onde fazia as pessoas entenderem porque deveriam chorar, ele alcançou seu objetivo e então ficou ainda mais fácil fazê-las se apresentassem "para receber Jesus" ou que de onde estivessem repetissem "a oração da fé"

Outros, ao "fazerem o chamado ao arrependimento", diziam apenas a frase "Quantos querem ser abençoados?" Garanto-lhes que eles não disseram mais nada, apenas fizeram essa pergunta às pessoas e lhes disseram: "Se você quer ser abençoado, levante a mão e repita esta oração".

Não sei se devo explicar por que isso é manipulação emocional, mas talvez haja alguém que não perceba. Se você me perguntar se eu quero dinheiro, não importa o quão espiritual eu afirme ser, eu direi que sim, se você me perguntar o que ou qualquer cristão, se eu quero ser abençoado, não importa o quão claro eu seja, que espiritual é mais importante, não importa quão regenerado e separado do mundo eu esteja, responderei que quero ser abençoado. Agora pense na resposta que você receberá de uma pessoa não regenerada, que não vive para Deus, mas para a sua carne, quando você lhe perguntar se ela quer ser abençoada.

Outros, para criar empatia enquanto evangelizam, dizem "Eu sou igual a você". Uma vez eu saí para evangelizar com um grupo de meninos, e um jovem disse essa frase e eu estava esperando que ele acrescentasse mais, porque se você disser a um não-cristão que você é igual a ele, então por que ele receberá a Cristo? ? Perguntei e a resposta que me deram foi que, era só para criar empatia.

Ao escrever sobre isso, vem à mente algo que está muito na moda hoje em dia, ou seja, ao fazer o apelo "Não pensem que a igreja está cheia de santos, nem que a igreja está cheia de pecadores". ... e lógico, mas sério? Completo?! Amado, se a igreja que você frequenta está CHEIA de pecadores, há um problema. Entendo que a santificação é um processo e seremos aperfeiçoados até que Cristo venha, mas ESTÁ COMPLETO? Sem dúvida essa é mais uma frase para criar empatia.

Hoje a estratégia de evangelismo mais eficaz é acreditar nas pessoas que o seu pecado não é tão grave. Na verdade, tenho visto modelos de evangelismo onde a palavra pecado não é mencionada, eles estão implicitamente proibidos de dizer às pessoas que são pecadores porque isso é ofensivo. Consegui estudar os métodos de evangelismo dos maiores ministérios do meu país e pude entender porque eles são os maiores ministérios. Não porque sejam os mais espirituais, mas por causa do número de ferramentas de manipulação psicológica que usam para se tornarem membros.

1 Timóteo 2:4 Mas assim como fomos aprovados por Deus para que o evangelho fosse confiado, assim falamos; não para agradar aos homens, mas a Deus, que prova nossos corações.

Romanos 16:18 Porque tais pessoas não servem a nosso Senhor Jesus Cristo, mas ao seu próprio ventre, e com palavras suaves e lisonjas enganam os corações dos ingênuos.

1 Coríntios 2:4 E a minha palavra e a minha pregação não consistiram em palavras persuasivas de sabedoria humana, mas em demonstração do Espírito e de poder,

1 Coríntios 2:13 As quais também falamos, não com palavras ensinadas pela sabedoria humana, mas com palavras ensinadas pelo Espírito, ajustando o espiritual ao espiritual.

Colossenses 2:4 E digo isto para que ninguém os engane com palavras persuasivas.

Acho que pelos versículos acima podemos ver que o apóstolo Paulo não precisava de técnicas de manipulação ou persuasão. O problema é que a certa altura muitos perceberam que poderiam obter "os mesmos resultados" usando a sabedoria humana, mas com persuasão, manipulação e sabedoria humana nunca poderão ser os mesmos resultados, porque um lugar cheio de gente não é o mesmo que um um lugar cheio de gente, um lugar cheio de gente salva, que pode genuinamente ser chamado de Igreja.

CAPÍTULO 7

Ingredientes Necessários para serem Manipulados.

Não só é necessário um manipulador, é necessário que a "vítima" tenha as características corretas.

Uma das características de uma pessoa com inteligência emocional é ser capaz de reconhecer e controlar seus sentimentos e ter autoestima.

Isso é importante porque se a pessoa não tem autoestima, o manipulador aproveitará isso e usará palavras de afirmação, motivação e até bajulação para criar dependência e ter controle sobre a pessoa. Da mesma forma, uma pessoa que não tem suas emoções bem definidas e valorizadas e não tem controle racional sobre elas, que é outra das características de uma pessoa emocionalmente inteligente, é uma vítima fácil de ser manipulada.

A sociedade de hoje tem sido orientada a seguir o seu coração, a deixar que as suas emoções os direcionem e ao ensiná-los a deixar as emoções descontroladas tornam as pessoas facilmente manipuladas.

Outra coisa importante são as deficiências afetivas e emocionais que uma pessoa pode ter. Onde existem deficiências emocionais, existe uma vítima potencial para um manipulador.

Lembro-me de ter uma aluna muito bonita, mas o marido dela dizia que ela era feia e que ninguém iria amá-la daquele jeito, e a jovem aguentou todo tipo de abuso daquele homem porque aquele homem se aproveitou dela falta de autoestima para fazê-la acreditar que era feia e que ninguém mais a amaria.

Conheci uma pessoa que manipulava os outros apenas lisonjeando-os. Devemos reconhecer que todo ser humano tem necessidades emocionais básicas como amor, afirmação, respeito. E os manipuladores, sejam cristãos ou não, são especialistas em explorar essas necessidades emocionais; É por isso que uma das características das pessoas emocionalmente inteligentes é importante, que é o controle racional das emoções.

Dependendo do tipo de vida que tivemos, todos teremos maior ou menor necessidade de carinho. Uma pessoa carente de afeto pode facilmente ser detectada por um manipulador e fazer dessa pessoa carente sua vítima, obviamente isso se aplica dentro e fora da igreja.

Conheci uma mulher em uma igreja cujo pai a abandonou quando ela era muito jovem e o pastor conhecia sua história e usou a necessidade de amor paterno da mulher para dizer-lhe que o aceitasse como pai. O pastor começou a trabalhar nela com carinho, preenchendo o vazio de carinho que ela precisava a tal ponto que ela se tornou uma seguidora cega dele.

Ao longo dos anos pude ver como o pastor fazia todo tipo de truques, injustiças, maldades... na frente dela e ela nunca disse uma única palavra, mas continuou a segui-lo idolatricamente.

Outra necessidade humana amplamente explorada pelos manipuladores é a necessidade de reconhecimento, razão pela qual muitas igrejas têm centenas de níveis de liderança. Dar um título ou posição a alguém é uma boa estratégia para mantê-lo na igreja, por mais herético que seja.

Em muitas empresas e igrejas, quando sabem que alguém conhece muitos segredos da empresa, a maneira de mantê-los calados é dar-lhes um cargo de chefe, mesmo que sejam a pessoa mais incapaz do mundo.

Um homem disse: "Se não estudarmos as escrituras, seremos escravos de tudo o que parece bom". É por isso que é fácil entender por que esses manipuladores atacam tanto aqueles que estudam a Bíblia. Conheço um pastor que zomba do púlpito chamando-os de "Bibliolocos" e nenhum pastor acha uma igreja que estuda a Bíblia manipuladora ou que é como os irmãos de Beréia que quando chegam em casa verificam se tudo o que lhes disseram é verdadeiro.

Esse tipo de gente, se vem dar estudos bíblicos, é mais do que tudo para que não os critiquem, procuram interpretar a Bíblia para as pessoas de forma a fazer com que a Bíblia diga o que elas querem que diga.

CAPÍTULO 8

Como evitar ser vítima de manipulação emocional na Igreja.

Eu venho estudando como os manipuladores trabalham na igreja há anos, tanto no culto quanto no pastorado, mas se eu lhes der uma estratégia humana para evitar ser vítima de manipuladores não estou fazendo nada, então meu principal conselho é ser totalmente dependente do espírito santo.

Temos também de ter discernimento, temos de o pedir, temos de implorar porque estamos no tempo em que vão surgir manipuladores de todos os tipos.

Devemos ser pessoas que dependem das escrituras acima de tudo. Já vi pastores que amo a forma como falam, minha carne ama o que dizem, amo como são, mas quando filtro o que dizem da Bíblia e vejo que são hereges manipuladores, os descarte com muita dor.

Claro, uma das principais coisas é o que dissemos no capítulo 1, não devemos priorizar as emoções, enfim, não devemos ser emocionalistas.

Devemos ter cuidado com nossas deficiências emocionais porque essas pessoas são especialistas em reconhecer nossas deficiências emocionais e vão direto a supri-las para nos manipular.

Por favor tome cuidado com pessoas que parecem ter amor demais, medimos a espiritualidade de alguém primeiro pelo que ela acredita, se a sua doutrina é bíblica.

Às vezes vejo os cristãos como uma adolescente que se apaixona por qualquer pessoa que lhe diga três palavras bonitas. Um cristão maduro não irá atrás de um pastor que lhe diz três coisas boas, um cristão maduro irá avaliar biblicamente cada palavra que o pastor diz, não importa o quanto ele o ame e não importa o quanto ele acredite que é um homem de Deus.

Amados, tem gente que pensa que a fé e o uso do cérebro não se conectam, mas vejam o que dizem esses versículos:

1 Coríntios 14:15 E então? Rezarei com o

espírito, mas também rezarei com o entendimento; Cantarei com o espírito, mas também cantarei com o entendimento.

Esse versículo me fez lembrar de uma música que começou a ser cantada em todas as igrejas do meu país e as pessoas se inspiraram cantando-a e sem analisar muito eu disse para mim mesmo: Como é que a glória de Deus sai para tocar e me deixa ganhar?

Outra música muito famosa ♫♪Retire minha pedra hoje, me chame pelo nome♪♫ Eu disse a mim mesmo!Mas na citação em que a música é baseada (João 11:38-44) Jesus não removeu a pedra, Jesus ordenou que outros Mova isso.

E se falarmos da música "the Shunammite" Ah, bem! Tentei acreditar que em algumas partes foram criativos demais, procurei mil maneiras de desculpar quem escreveu, mas ah, não! Porém, essa foi outra música cantada como se fosse o hino nacional. E só estou citando duas, mas há muito mais músicas com letras questionáveis e que não amamos só porque soam bem e porque nos fazem felizes ou nos fazem chorar.

E a gente se acostuma com isso, que soa lindo e que mexe com as emoções independente do que diz ser bíblico ou não, o que importa é que soa lindo e que mexe com as minhas emoções e a mesma coisa acontece com os sermões, se soaram bem e me fizeram sentir algo bom, direi que foi uma pregação tremenda, mesmo que o pregador tenha dito que Pilhagem era chamada assim porque era saqueador.

Marcos 12:33 E amá-lo de todo o coração, de todo o entendimento, de toda a alma e de todas as forças, e amar o próximo como a si mesmo, é mais do que todos os holocaustos e sacrifícios.

É tremendo que ainda nos peçam para amá-lo com compreensão.

ANEXOS

46

O que a Bíblia diz sobre o gerenciamento das emoções?

Como seríamos nós, humanos, se nunca nos exaltássemos, se conseguíssemos controlar nossas emoções a todo momento? Talvez nos tornássemos como robôs, respondendo a todas as situações com lógica e nunca com emoções. Mas Deus nos criou à Sua imagem, e as emoções de Deus são reveladas nas escrituras; Portanto, Deus nos criou seres emocionais.

Sentimos amor, alegria, felicidade, culpa, raiva, decepção, medo, etc. Às vezes nossas emoções são experiências agradáveis e às vezes não. Às vezes nossas emoções baseiam-se na verdade e às vezes são "falsas" porque se baseiam em premissas errôneas. Por exemplo, se acreditarmos falsamente que Deus não está no controle das circunstâncias de nossas vidas, podemos experimentar emoções de medo, desespero ou raiva com base nessa crença falsa. Independentemente disso, as emoções são poderosas e reais para quem as sente.

Dito isto, é importante que aprendamos a gerir as emoções, em vez de permitir que as nossas emoções nos controlem. Por exemplo, quando sentimos raiva, é importante sermos capazes de parar, identificar que estamos com raiva, examinar nossos corações para determinar por que estamos com raiva e então proceder de maneira bíblica.

Emoções que estão fora de controle geralmente não produzem resultados que honrem a Deus: "Porque a ira do homem não opera a justiça de Deus" (Tiago 1:20).

As nossas emoções, tal como as nossas mentes e corpos, são grandemente influenciadas pela queda da humanidade no pecado. Em outras palavras, nossas emoções estão contaminadas pela nossa natureza pecaminosa e é por isso que precisamos controlá-las.

A Bíblia nos diz que devemos ser controlados pelo Espírito Santo (Romanos 6; Efésios 5:15-18; 1 Pedro 5:6-11), e não pelas nossas emoções. Se reconhecermos as nossas emoções e as levarmos diante de Deus, então poderemos trazer os nossos corações diante Dele e permitir que Ele faça o Seu trabalho nos nossos corações e direcione as nossas ações.

Às vezes, isso pode significar simplesmente que Deus nos conforta, nos tranquiliza e nos lembra de não temer. Outras vezes, Ele pode nos levar a perdoar ou a pedir perdão.

Os Salmos são um excelente exemplo de como administrar emoções e como levar nossas emoções a Deus. Muitos Salmos estão repletos de emoções cruas, mas estas são derramadas diante de Deus na tentativa de buscar Sua verdade e justiça.

Compartilhar nossos sentimentos com outras pessoas também é útil para controlar as emoções. A vida cristã não deve ser vivida sozinha. Deus nos deu a dádiva de outros crentes que podem compartilhar nossos fardos e cujos fardos nós também compartilhamos (Romanos 12; Gálatas 6:1-10; 2 Coríntios 1:3-5; Hebreus 3:13).

Outros crentes também podem nos lembrar da verdade de Deus e nos oferecer uma nova perspectiva. Quando nos sentimos desanimados ou com medo, podemos nos beneficiar do encorajamento, da exortação e da garantia que outros crentes nos oferecem. Muitas vezes, quando encorajamos os outros, nós mesmos somos encorajados.

Igualmente, cuando sentimos gozo, éste generalmente aumenta cuando lo compartimos.

Permitir que nossas emoções nos controlem não é nada piedoso, nem negar ou censurar nossas emoções. Devemos agradecer a Deus pela nossa capacidade de sentir emoções e controlá-las como uma dádiva de Ele. A forma como administramos as nossas emoções é através do nosso crescimento na nossa caminhada com Deus. Somos transformados pela renovação das nossas mentes (Romanos 12:1-2) e pelo poder do Espírito Santo, que produz autocontrole em nós (Gálatas 5:22-23). Precisamos de um impulso diário de princípios bíblicos, de um desejo de crescer no conhecimento de Deus e de passar tempo meditando nos atributos de Deus.

Deveríamos tentar saber mais sobre Deus e compartilhar mais do nosso coração com Deus através da oração. A comunhão cristã é outra parte importante do crescimento espiritual.

https://www.gotquestions.org/Espanol/manejo-emociones.html

Como usar a Bíblia para manipular as pessoas?

Os pregadores hoje se tornaram uma espécie de mega estrelas e influenciadores dentro da comunidade cristã.

Muitos deles usam suas habilidades de pregação para persuadir mentes fracas e transformá-las em uma mina de ouro e em seus fãs mais fiéis.

Mas o mais triste não é o mau uso que está sendo dado à pregação do evangelho hoje, mas sim ver os cristãos não conseguirem perceber um lobo em pele de cordeiro que está "pregando" na sua frente.

Meu coração se enche de tristeza quando observo cristãos "hipnotizados" gritando Amém para qualquer tipo de coisa que um pregador diz sem sequer analisar se o que ele disse tem respaldo bíblico.

Presumimos que, uma vez que um pregador é usado por Deus, tudo o que sai da sua boca é o que Deus quer que ouçamos. Porém, esquecemos que ele (pregador) é uma pessoa que pode cometer erros e desviar o coração do caminho certo e se tornar um ladrão com a Bíblia na mão.

O documentário de Marjoe Gortner

Há poucos dias encontrei um vídeo na Internet que contava sobre as incríveis revelações que a famosa "evangelista" Marjoe Gortner havia feito.

Um pregador americano que, depois de estar envolvido no ministério desde a infância, acabou confessando através de um documentário que nunca acreditou em Deus e que tudo o que fazia era mais falso do que as vitaminas de um hambúrguer do McDonald's.

> # Quem serve a Deus por dinheiro, Ele é capaz de servir ao diabo por um salário melhor.
> ## —Charles Spurgeon

Neste documentário, Gortner confessa como usou a sugestão para hipnotizar os cristãos, fazendo-os acreditar que Deus operou grandes milagres através dele e que ele era verdadeiramente um homem ungido de Jeová.

A razão? Encha os bolsos de dinheiro para satisfazer todos os prazeres que você se proporcionou durante a vida.

Neste documentário intitulado Marjoe, você pode ver as estratégias inescrupulosas que esse homem usou para viver de sua falsa fachada de homem usado por Deus.

Você se perguntará: por que ninguém foi capaz de detê-lo? Porque naquela época aconteceu o que acontece em nossos tempos:

Cristãos embalados pelas mentiras de falsos pregadores que não buscam a verdade ou o discernimento. Você. 4:6

Então aconteceu que esse homem ímpio usou a mídia para fazer o povo de Deus de tolo.

Você pode imaginar a quantidade de comentários e ridicularizações que esse documentário terá gerado na época.

O problema não é só dinheiro Quando menciono que a pregação do evangelho se tornou motivo de chacota do mundo, não estou me referindo apenas ao vil uso de enriquecer que muitos "pregadores" usam, mas também às falácias com que têm foram construídas muitas denominações.

Aparentemente qualquer pessoa nas horas vagas tem a fascinante ideia de ser pregador e começa a falar sobre qualquer coisa que lhe venha à cabeça sem sequer fazer um estudo profundo da Bíblia.

Outras pessoas, que ouviram um pregador muito famoso e adoraram o que ele disse, começam a copiar e pregar a mesma coisa sem perceberem os horrores em que estão caindo. Mas também houve falsos profetas entre o povo, assim como haverá falsos mestres entre vocês, que introduzirão secretamente heresias destrutivas.

Infelizmente vivemos numa época em que parece que os cristãos têm preguiça de abrir as suas Bíblias para verificar se o que é dito é verdade ou não. Somos rapidamente persuadidos por uma pregação bem falada e ignoramos a verdade das escrituras.

Os pastores podem passar anos distorcendo as Escrituras, mas ninguém é capaz de ser razoável, abrir a Bíblia e começar a analisar se o que o pastor disse é uma mensagem bíblica ou não.

Já falei no início deste artigo, pastor também é uma pessoa que comete erros e cujo coração pode ser distorcido. Muitos pregadores podem não viver com um coração tortuoso longe de Deus, mas na sua ignorância bíblica cometem erros graves e da mesma forma guiam a sua congregação como um navio à deriva.

Cristãos sensatos e racionais É muito triste que no século XXI os cristãos tenham caído nas armadilhas de personagens que facilmente adoçam os nossos ouvidos e, sem perceber, nos levam pouco a pouco para o abismo.

Transformamos o evangelho em uma moda emocional ao nos deixarmos guiar cegamente por pessoas que nem sabem a direção que estão tomando.

Os cristãos de hoje não são mais sensatos ou racionais. Deixam-se persuadir com muita facilidade, caindo no engano pelo mau hábito de não ler ou meditar pessoalmente na Palavra de Deus. Cada denominação tem sua própria interpretação da Bíblia. Eles unem pensamentos e ideias para construir uma doutrina com a qual todos os membros da igreja se identificarão.

Mas em muitas ocasiões estas doutrinas estão cheias de falácias que ironicamente os crentes aplaudem e aceitam como verdade absoluta.

Lembro-me de visitar a escola dominical na igreja do meu amigo Omar e ouvir o professor dizer algo que me chocou completamente. Disse que o Espírito Santo não basta para o crescimento de um cristão, é necessário também o crescimento profissional e económico.

Naquele momento eu queria me levantar e enfrentar esse professor cujo ensinamento muitos cristãos infelizmente aplaudiram e apoiaram com um Amém. Mas este não é o único caso. Eu poderia listar muitos outros em que pastores, líderes, professores, etc., disseram coisas flagrantes e a congregação em uníssono disse Amém!

Parece que os cristãos esqueceram que Deus os criou, dando-lhes a capacidade racional que os distingue dos animais para pensar, compreender e avaliar. Em Mateus 22:37 podemos observar como Jesus ensina seus discípulos a amar a Deus com todo o seu entendimento.

Em outras palavras, Jesus está dizendo aos seus discípulos que eles devem ser sensatos e racionais ao viver para Deus, comportando-se de acordo com o bom senso e não se deixando levar por emoções incontroláveis. Culpados por se deixarem persuadir Embora seja verdade que aqueles que enganam a congregação em erros terão o seu pagamento, aqueles que se deixam ser mal ensinados também terão a sua quota de lamentação e ranger de dentes.

Porque você também é parcialmente culpado pelo fato de haver pregadores, líderes, professores, etc., que lideram mal a congregação. Você tem acesso total à Bíblia em suas mãos e não consegue dedicar um pouco do seu tempo e começar a analisar tudo o que o seu pastor disse ou a pregação daquele que você ouve constantemente.

Portanto, você também terá que responder por não saber examinar tudo, reter o bom e rejeitar o mau (1 Tes. 5:21).

Os seres humanos, por natureza, são fáceis de persuadir. Esta é uma ferramenta dupla que as grandes marcas aproveitam para nos oferecer um produto à venda. A mesma coisa acontece com os cristãos quando ouvem um ensinamento ou uma pregação. Agem motivados pelas suas emoções e não pela verdade irrefutável da Palavra de Deus.

Eles se deixam persuadir por pregações e doutrinas bem ditas que os embalam, ignorando completamente tudo o que acontece diante de seus narizes. E talvez você diga que não é sua culpa que existam pregadores mentirosos e fraudadores.

Mas você é o culpado por não abrir os olhos e a mente para ver o caminho maligno pelo qual eles o estão conduzindo. Ou será que plantaram um chip em seu cérebro com o qual é impossível ser racional?

Não verdade.

Ninguém, creio eu, plantou um chip no cérebro dos paroquianos da seita Luz do Mundo para adorar Samuel Joaquín Flores e Naasón Joaquín García como um deus.

Cash Luna, Guillermo Maldonado, Ana Méndez e outros não têm o poder absoluto de impedir que você seja racional e sensato.

O poder de escolher foi colocado sobre você por Deus no momento em que você foi criado. Não invente desculpas de que foram esses personagens que enganaram você.

Por último, estou triste ao ver o que o evangelho de Deus se tornou hoje. Acho que a fórmula mudou de "não tenho vergonha do evangelho" para "o evangelho tem vergonha de mim".

Vivemos numa época em que o evangelho é sinônimo de estupidez, mentes pobres e pessoas fáceis de manipular. Sem perceber, nós, cristãos, acabamos dando motivos para o mundo pensar que Jesus Cristo é uma mera fórmula para dominar as massas e ganhar alguns dólares extras para nós mesmos.

Mas nunca é tarde. Ainda podemos corrigir todos os erros que cometemos como igreja. Ainda podemos retornar ao evangelho puro e verdadeiro sem sermos movidos por emoções, sendo sensatos e racionais.

Comece hoje com essa mudança. Abra sua Bíblia nas mesmas vezes – ou mais – que você abre seu Facebook. Estude a Bíblia tantas vezes – ou mais – quanto você estuda em seu melhor livro de matemática.

Desafie tudo o que o pastor, pregador ou professor disser. Leve-o para casa e discuta-o com a ajuda do Espírito Santo. Se você não tem uma grande biblioteca com ferramentas para poder fazer um estudo aprofundado, esses 5 recursos cristãos on-line para estudar a Bíblia serão uma ajuda poderosa para você.

Lembre-se de que o evangelho é caminhado pela fé, mas uma fé que é racional que o leva pelos caminhos do bom senso e oferece salvação em vez de manipulação.

Max Damián

https://www.maxdamian.com/search/label/Vida

PALAVRAS FINAIS

Jesus amava seus inimigos, mas insultou aqueles que distorceram o evangelho de muitas maneiras.

Com isso o que quero dizer é que o fato de neste livro eu expor as ferramentas de manipulação dos falsos mestres não significa que eu não amo a igreja, significa apenas que eu realmente amo a igreja e esses lobos não são verdadeiros pastores e aqueles igrejas não são igrejas verdadeiras, mas sinagogas de satanás.

Meus preciosos, por favor, cuidado com essas cadelas, cuidado com esses cachorros, aqueles que parecem tão amorosos não querem te ganhar para Cristo, eles querem te ganhar para si mesmos.

Por favor, tome cuidado com aqueles que falam muito bem. Cuidado com aquelas pessoas que têm aparência de humildade, aprendem a discernir, a ir além das aparências.

Por favor, nada disso significa que você deva sentir frio ou agir como o jovem de quem falei e que veio nos visitar.

Por favor, se você tiver alguma dúvida, entre em contato comigo através das informações de contato que aparecem no meu blog pessoal ou em qualquer um dos meus blogs de livros. Amo a igreja, amo o corpo de Cristo, responderei todas as suas perguntas e ajudarei você no que puder.

Por favor, leia meus outros livros, todos eles foram escritos para abençoar o corpo de Cristo.

Mando muitos beijos para todos vocês!

Eu sou o profebubba

gonzalezdomingo@gmail.com

https://elprofebubba.blogspot.com

https://libroesqueletosenelcloset.blogspot.com

https://librodescubriendoelevangelioverdadero.blogspot.com

https://librountipodegloriadiferente.blogspot.com

https://elprofebubba.blogspot.com

Also by Domingo González Jr.

Cristianismo en Medio De una Sociedad Emocionalista
Christianity in the Midst of an Emotionalist Society
Cristianismo No Meio de uma Sciedade Emocionalista